AF261597

DE LA

CONSTITUTION FRANÇAISE

DE L'AN 1814.

DE LA
CONSTITUTION FRANÇAISE

DE L'AN 1814.

PAR M. GRÉGOIRE,

ANCIEN ÉVÊQUE DE BLOIS, SÉNATEUR, etc., etc.

QUATRIÈME ÉDITION,
CORRIGÉE ET AUGMENTÉE.

PARIS,

A. ÉGRON, Imprimeur-Libraire, rue des Noyers, n° 37 ;
LE NORMANT, Imprimeur-Libraire, rue de Seine, n° 8 ;
DELAUNAY, Libraire, au Palais-Royal.

1814.

PREMIÈRE ET DERNIÉRE
RÉPONSE
AUX LIBELLISTES.

Les événemens récens ont fait éclore une multitude d'écrits dont quelques-uns ont obtenu du public un accueil mérité parce que rédigés avec goût, décence et raison, ils présentent des observations judicieuses, et discutent avec sagacité divers articles du droit public ; mais c'est le petit nombre. La plupart des brochures dont nous sommes inondés sont dictées par la passion.

Les unes sont des harangues adulatrices dans le genre de celles qu'on adressait au gouvernement qui vient de finir, et qui ont peut-être les mêmes hommes pour auteurs. A qui faut-il accorder estime et confiance, de ceux qui toujours courtisant la puissance, ont encensé tous les partis, ou de ceux qui ont le courage de publier des vérités utiles, au risque et souvent ij

avec la certitude de compromettre leur liberté, et leur repos? car presque toujours la vérité déchire le sein qui l'enfante.

D'autres brochures sont des amplifications furibondes très-propres à empirer une mauvaise cause, et qui feraient tort à la meilleure. Plusieurs sont dirigées nominativement contre l'ancien évêque de Blois. On regrette de voir dans le nombre de ces écrivains un avocat justement célèbre, qui, après avoir long temps vécu sur son ancienne réputation, et presque toujours gardé le silence, le rompt tout-à-coup pour mêler à ses argumens des personnalités odieuses contre d'anciens collègues. Comme jurisconsulte, il sait mieux que personne quelle qualification mérite la calomnie. Comme chrétien, il sait quelle réparation impose la conscience. On le dit pieux, ne serait-il que dévot?

Peut-on espérer de sa part une palinodie en sens inverse de celle qu'il a chantée sur Napoléon, dont il fut l'admirateur? M. Bergasse, dans ses *Réflexions sur l'Acte constitutionnel du Sénat,* parle des *crimes,* des *projets désastreux de cet homme impitoyable* qui ont causé une *désolation générale.* « La nation, dit-il, « détestait Bonaparte, et les journaux n'étaient « remplis que d'adresses de protestation de

« dévouement, etc....... La providence seule a
« brisé le trône du plus étonnant despote qui
« ait existé sur la terre, etc. etc. » Voyez
pag. 2, 3, 6 et 13.

Jusque-là nous sommes de l'avis de M. Bergasse; mais comment le concilier avec les pas-
sages suivans, qui sont extraits des *Observations préliminaires de M. Bergasse dans
l'affaire de M. le Mercier,* page 15? Il disait,
en parlant de Napoléon : « Je remarque ce fait,
« parce qu'il faut aimer ce qu'on ADMIRE, et
« qu'il est temps qu'on sache que la vérité, ce
« besoin des âmes élevées, est d'un si haut prix
« pour le prince qui nous gouverne, que, quel-
« que opinion qu'il pût adopter, il n'en serait
« pas moins disposé à revenir sur ses *pas pour
« peu* qu'on lui fît entrevoir que cette opi-
« nion a *pu* être *préparée par* une erreur. »

Et page xij des Pièces justificatives dans sa
première lettre à l'empereur.

« Votre Majesté a mérité toute sa gloire par
« les sentimens de justice qui l'animent et le
« besoin qu'elle éprouve que sous son règne
« nul ne soit opprimé par ceux auxquels elle
« délègue l'exercice de sa puissance. »

Un opuscule nouveau nous assure que jamais M. Bergasse *n'a fléchi le genou devant*

Baal : l'extrait qu'on vient de lire en est-il la preuve? Finissons par une phrase élégante de notre auteur, page 12 de ses *Réflexions sur l'Acte constitutionel.* « Je ne sais, mais il me « semble qu'en voilà bien assez, etc. »

En 1793, M. Grégoire fut dénoncé au club des Jacobins pour n'avoir pas voté la mort du roi, car on sut que dans la lettre écrite par les quatre commissaires envoyés en Savoie, il avait fait effacer les mots *à mort.* Déjà dans un discours, le 15 novembre 1792, il avait demandé que la peine de mort fût abolie, et que Louis étant le premier à jouir du bénéfice de cette loi, fût *condamné à l'existence.* Aussi les gazettes du temps, et surtout le *Journal des Amis*, n°. 5, du 2 février 1793, p. 197, eurent soin de l'inscrire au nombre des députés qui avaient opiné contre la peine capitale, ce qui n'empêcha pas des libellistes d'imprimer qu'il l'avait votée. Ces hommes, la plupart d'un état très-différent de celui des habitués du club, et qui par là même devaient tenir un autre langage, savaient bien qu'ils mentaient, mais le mensonge leur parut propre à noircir un évêque qui le premier s'était soumis au serment décrété par l'Assemblée Constituante, tandis qu'eux en en ont prêté un autre qui ne soutiendra jamais le parallèle avec le premier.

M. Grégoire ayant toujours méprisé cette accusation, divers prélats, en 1801, invitèrent leur collègue M. Moïse, évêque de St.-Claude, à recueillir les faits ; il s'en acquitta, et son rapport justificatif fut inséré par leur ordre dans les *Annales de la Religion*, 8° Paris, 1801, t. 14, p. 35 et suiv.

En 1810, une explosion de fureur de la part de Napoléon, contre l'auteur des *Ruines de Port-Royal*, fournit aux adulateurs du prince le moment opportun pour signaler leur haine, et ils répétèrent l'imposture détruite. Des amis de l'ancien évêque de Blois suppléèrent à son silence, en réimprimant le rapport fait par M. Moïse, et en y joignant une préface qui mettait dans un plus grand jour l'innocence de l'accusé, dont on avait même interpolé divers écrits, et l'infamie des accusateurs.

Des libellistes nouveaux, parmi lesquels on croit reconnaître des apologistes de l'esclavage des nègres, viennent de se mettre sur les rangs. Plusieurs personnes, que M. Grégoire n'a pas l'avantage de connaître, et auxquelles il offre le tribut mérité de sa reconnaissance, ont pris la peine de les réfuter par des écrits qui associent sa défense personnelle à celle des principes qu'il professe. Le caractère spirituel de ces opuscules forme un contraste parfait avec l'ignoble grossièreté des pamphlétaires. Le dernier agresseur est l'auteur du *Philantrope dévoilé*. Dans ces diatribes, on pourrait recueillir et rapprocher toutes les injures qu'elles contiennent, et y ajouter qu'un homme qui se respecte, se félicite de n'avoir pas de réponse à de tels argumens.

L'auteur fournit une occasion nouvelle de rendre témoignage à la vérité, par l'apostrophe suivante qu'il adresse à l'évêque : « Avez-» vous réclamé l'indulgence de vos collègues » pour ces malheureuses victimes de la terreur, » lorsqu'elles étaient entassées sur les pontons » à Rochefort, où on leur laissait à peine res-» pirer l'air extérieur » ? Quelle maladresse ! Précisément l'évêque de Blois fut le seul qui, en leur faveur éleva la voix. Lecteurs, ouvrez *le Moniteur* an 3, n°. 81, séance du 18 frimaire : « Telle a été, dit M. Grégoire, la » cruauté exercée contre des prêtres, que » 187 ayant été injustement transportés à Ro-» chefort, ce nombre est réduit à 60, les » autres sont morts de mauvais traitemens et » de misère. Si pour mettre un homme en li-

» berté, on demandait s'il est procureur,
» avocat ou médecin, cette question indigne-
» rait, et pour élargir un homme, on demande
» s'il est prêtre, etc., etc., etc. Tant que l'on
» suivra de tels principes, on n'aura que le
» régime des sots, des fripons, etc., etc. » L'affaire renvoyée au comité de sûreté générale,
y fut poursuivie par l'évêque qui enfin obtint
l'élargissement des malheureux détenus.

Un anonyme (qu'on dit être l'abbé de la Biche,
chanoine de Limoges) a publié la *relation* de
la captivité de ces prêtres, et sans doute parce
que leur bienfaiteur est un évêque assermenté,
il a tu soigneusement que c'était à lui qu'ils devaient leur délivrance. Ainsi le mérite de la
bonne œuvre n'a pas été atténué par un excès
de reconnaissance. Le *Moniteur* supplée à ce
silence affecté, et l'auteur du *Philantrope dévoilé*, qui se dit *abonné au Moniteur depuis*
1789, ne lit pas son journal : c'est la seule excuse
qu'il puisse alléguer pour échapper à l'inculpa-
tion de mauvaise foi.

Une apologie, fût elle nécessitée par l'aggres-
sion la plus inique, est une lecture moins at-
trayante pour la malignité qu'une satire amère ;
mais il est encore des âmes honnêtes qui se plai-
sent à contempler l'innocence luttant contre le

crime : quelques pages de plus à lire ne lasseront pas leur attention.

Si quelque chose a droit de surprendre , ce n'est pas qu'il y ait des libelles contre M. Grégoire , mais qu'il n'y en ait pas un plus grand nombre.

Quelle nuée d'ennemis doit assiéger un homme qui, depuis sa jeunesse , s'est voué à défendre des individus persécutés ou flétris injustement par les lois et l'opinion, juifs, anabatistes , serfs, agots, nègres, mulâtres, etc.? Soutenir les oprimés, c'est l'infaillible moyen d'irriter les oppresseurs qui ont à-la-fois le pouvoir et la volonté de nuire. Les victimes trouvent rarement des consolateurs , au lieu que les sacrificateurs trouvent toujours des complices. N'est-ce pas Fra-Paolo Sarpi qui disait : « Si la « peste avait des bénéfices et des pensions à « donner, elle aurait des prôneurs? » Par cette raison, la tyrannie n'en manqua jamais : aussi malheur à quiconque aura heurté de front tous les genres de despotisme , et dont l'inflexible persévérance accuse les variations de tant de gens qui , satellites volontaires de tous les astres dominans , en suivent toutes les phases!

D'après sa conscience et un mûr examen , ayant montré l'exemple de la soumission au ser-

ment d'*être soumis à la nation, à la loi et au
roi*, contre lui s'élevèrent une foule d'individus
qui, à la dissidence d'opinion associant des sentimens haineux, accumulèrent sur sa tête des
outrages, qu'il leur pardonne, mais auxquels il
eût préféré de bonsraisonnemens. Ministres des
autels ! là où n'est pas la charité, là n'est pas la
vérité.

En professant pour le chef auguste de l'é-
glise un respect profond et une soumission ca-
nonique, il s'efforça toujours de rester sur la
limite qui sépare l'autorité légitime de l'abus
qu'on peut en faire, limite tracée par la célèbre
assemblée du clergé, en 1682. Tous les partisans de ce qu'on appèle *ultramontanisme*, dont
le plus grand nombre est actuellement en-deçà
des Alpes, enflent dès lors la liste des adver-
saires d'un homme attaché aux maximes gal-
licanes.

Admirateur de Port-Royal, qui a rendu des
services si éminens à la religion et aux scien-
ces, il a la bonhomie de penser que Pascal,
Nicole, Arnaud, Sacy, Tillemont, Le Tour-
neux, etc., pourraient bien n'être pas damnés,
et cette croyance est encore un crime.

Nourri dès l'enfance du lait de la piété, il

est *philantrope*, car, d'après l'étymologie de ce mot, ne pas l'être ce serait cesser d'être chrétien ; il veut qu'on ouvre son sein à des frères errans, sans l'ouvrir à l'erreur, et qu'on se montre aussi ardent à leur faire du bien qu'à combattre leurs écrits, lorsqu'ils tendent à ruiner l'édifice de la révélation. Ayant toujours repoussé les tentatives que faisait pour se l'aggréger, une secte très-peu tolérante, quoiqu'elle parle sans cesse de tolérance, il devint odieux aux déclamateurs qui, dans la Convention, lui reprochaient de vouloir christianiser la France ; (1) qui le bafouaient lorsque, le premier nivôse an 5, il réclamait la liberté du culte (2). Il s'y était attendu ; mais il savait que parler à la tribune, c'était parler à la nation, infaillible moyen d'ébranler l'opinion publique qui n'osait encore se manifester. Ici s'intercale naturellement le récit de la séance de la convention, du 17 brumaire an 2, où, au milieu des scandales de l'apostasie et des vociférations, M. Grégoire eut le courage de proclamer ses sentimens invariables, comme catholique et comme évêque. On en trouve le détail dans un de ses ouvrages inédits, dont on va lire l'extrait.

---

(1) V. *Moniteur* an 2, n° 57.
(2) *Moniteur* an 3, 1er nivose, n°s 93, 94.

« A cette époque, de toutes parts se manifestaient les fureurs de la persécution. »

« Un député nommé Jacob Dupont, qui est mort fou, avait préludé à l'état de démence habituelle en se déclarant athée à la tribune de la Convention. J'étais alors en mission à Chambéry, où j'appris, avec une douleur profonde, que l'assemblée nationale au lieu de flétrir par une censure sévère cette doctrine désolante et celui qui la professait, en était devenue complice par son silence. Gloire à Dieu, qui du mal fait jaillir le bien. La déclaration de Dupont qui retentit dans toute l'Europe, y inspira une juste horreur ; et divers écrivains, entr'autres miss Hannah More, s'empressèrent d'exprimer leur indignation. »

« Le vénérable Avoine, évêque de Versailles, étant décédé, quelques mauvais sujets de cette ville saisirent cette occasion pour venir à la Convention demander qu'il ne fût pas remplacé ; peu de temps après, parut à la barre l'évêque de Paris, Gobel, avec plusieurs de ses vicaires. On prétend qu'Anarcharsis Clotz, Chaumette et L....... B....... l'avaient préparé à cette scène par des promesses et par des menaces : ce qu'il y a de certain, c'est que ce L.....

B......, le 16 brumaire, c'est-à-dire, la veille de l'événement, dans un discours, tissu d'impiétés grossières, avait annoncé quelque chose d'analogue aux sacriléges du lendemain (1). Néanmoins, huit jours auparavant, dans un entretien avec Gobel sur des matières religieuses, cet évêque m'en avait parlé avec le respect qui leur est dû ; l'accablement de la surprise accrut en moi celui de la douleur, en apprenant sa démarche; je dis en *apprenant*, car j'étais, en ce moment, au comité d'instruction publique. »

« Rentré à la séance, je vois des prêtres catholiques, des ministres protestans monter successivement à la tribune, pour blasphémer et abjurer leur état : dès le moment de mon arrivée, autour de moi s'étaient agglomérés, comme des furies, une troupe de députés *montagnards*. J'étais très-considéré dans le clergé, et, par cette raison, ils mettaient plus d'intérêt à m'arracher une démarche qui, pour l'impiété, eût été un triomphe. Il faut que tu montes à la tribune..... Et pourquoi ?... Pour renoncer à ton épiscopat, à ton charlatanisme religieux..... Misérables blasphémateurs ! je ne

---

(1) N° 160, p. 1083 du *Journal des Jacobins*.

fus jamais un charlatan ; attaché à ma religion,
j'en ai prêché les vérités, j'y serai fidèle. Dans
l'intervalle, ils crient au président de m'accorder la parole, et le président annonce que j'ai
la parole, quoique je ne l'eusse pas demandée;
je m'élance à la tribune : à un épouvantable
tapage succède alors un silence général. »

« J'entre ici, n'ayant que des notions très-
« vagues de ce qui s'est passé avant mon arri-
« vée. On me parle de sacrifices à la patrie, j'y
« suis habitué ; s'agit-il d'attachement à la cause
« de la liberté ? j'ai fait mes preuves ; s'agit-il
« du revenu attaché à la qualité d'évêque ? je
« vous l'abandonne sans regret ; s'agit-il de re-
« ligion ? cet article est hors de votre domaine
« et vous n'avez pas le droit de l'attaquer. J'en-
« tends parler de fanatisme, de superstition.....
« Je les ai toujours combattus, mais qu'on dé-
« finisse ces mots, et l'on verra que la supers-
« tition et le fanatisme sont diamétralement op-
« posés à la religion.

« Quant à moi, catholique par conviction et
« par sentiment, prêtre par choix, j'ai été dé-
« signé par le peuple pour être évêque, mais
« ce n'est pas de lui, ni de vous, que je tiens
« ma mission. J'ai consenti à porter le fardeau
« de l'épiscopat dans un temps où il était en-

« touré de peines ; on m'a tourmenté pour l'ac-
« cepter, on me tourmente aujourd'hui pour
« faire une abdication qu'on ne m'arrachera
« pas. J'ai tâché de faire du bien dans mon dio-
« cèse, agissant d'après les principes sacrés qui
« me sont chers et que je vous défie de me ra-
« vir ; je reste évêque pour y en faire encore.
« J'invoque la liberté des cultes. »

Ce discours fut interrompu vingt fois, car, dès que les persécuteurs s'aperçurent que je parlais en sens opposé à leurs vues, des rugis-semens éclatèrent pour étouffer ma voix dont j'élevais à mesure le diapason, et ces rugisse-mens se prolongèrent jusqu'à la fin de mon dis-cours. Il faudrait le pinceau de Milton, ac-coutumé à peindre le spectacle des démons, pour rendre cette scène.

Descendu de la tribune, je retourne à ma place. On s'éloigne de moi, comme d'un pesti-féré ; si je tourne la tête, je vois des regards furibonds dirigés sur moi..... sur moi, pleuvent les menaces, les injures.

Accablé à l'aspect des outrages faits à la re-ligion, plus encore de ceux que ces événemens lui présageaient, j'éprouvais toutefois une douce satisfaction d'avoir bravé cet orage, je remerciai Dieu d'avoir soutenu ma faiblesse et de m'avoir donné la force de confesser Jésus-Christ. La séance finie, je me traîne chez moi; et persuadé que mon discours improvisé ne pouvait échapper à l'histoire, je m'empressai de le confier au papier.»

Je déclare qu'en le prononçant, j'avais cru prononcer mon arrêt de mort. Pendant dix-huit mois, je me suis attendu à l'échafaud, et l'on conçoit que j'ai dû m'arranger en conséquence.

Comment la gazette intitulée *Feuille du salut public* a-t-elle pu dire que la Convention applaudit à ma résolution de rester évêque, tandis que des cris de rage s'élevèrent de toutes parts? Les persécuteurs se croyaient intéressés à ce que mon discours ne fût pas mentionné dans les gazettes, ou qu'il y fût dénaturé. Par là s'explique le silence affecté de quelques journalistes sur ce discours, et la manière dont plusieurs autres (même le *Moniteur*) le travestirent. Mais presque tous ils avouent que je refusai ma démission, et que je me déclarai intrépidement attaché à la religion. Voilà, du moins, les deux faits essentiels. Des récits infidèles avaient momentanément induit en erreur sur cet article le rédacteur des *Nouvelles ecclésiastiques*, (M. Mouton), qui, détrompé, m'en témoigna ses regrets. Cet événement retentit jusque dans les contrées étrangères, d'où je reçus des félicitations ; et quoique alors les calamités de la guerre eussent ajouté entre l'Angleterre et la France des barrières nouvelles à celles de l'Océan, dans l'*Annual Register* de 1793 fut inséré, à cette occasion un éloge de l'évêque de Blois, qui assurément ne s'y attendait pas (1). Il fut ensuite répété dans divers écrits, tels que les *Biographical Anecdotes*, et un autre ouvrage du même genre qui a paru en 1798 (2). Plus de cinq cents témoins, encore vivans, attesteraient, au besoin, ma conduite dans cette circonstance. »

« Le soir même de cette fameuse journée, une autre scène eut lieu au comité d'instruction publique. Des membres, débutant par une digression étrangère à l'objet de nos travaux, exprimèrent leurs regrets de ce qu'à la séance de la Convention j'avais, par mon discours, comprimé, disaient-ils, l'élan de l'opinion publique contre le *fanatisme ;* on se doute bien quelle fut ma réponse. Le député F....., dans une autre séance du comité, m'apostrophait par

(1) V. p. 201 et 202.

(2) .V. *Recueil d'anecdotes,* etc., *sur les Personnages les plus marquans de la révolution,* in-8°, Paris, 1798.

ces mots : *ton infâme religion*, etc. « Quelle que
« soit, lui dis-je, votre manière de penser, je ne
« la qualifierai jamais avec des termes qui vous
« outragent, ni qui blessent votre liberté de
« penser. » J'avais oublié cette anecdote, que
l'estimable Baudin a consignée dans son ouvrage
intitulé : *du Fanatisme et des Cultes* (1). »

« Ce soir encore, et les jours suivans, ma de-
meure fut, pour ainsi dire, assiégée d'émis-
saires et de bandits, dont les uns étaient et les
autres n'étaient pas membres de la Convention,
mais tous envoyés pour m'arracher, par promesses ou par menaces, un acte quelconque qui
pût atténuer l'effet de ma résistance publique ;
et le 21 brumaire, à tous les coins des rues de
Paris était affiché un placard, sous ce titre :
Un mot à l'évêque Grégoire. L'auteur me re-
proche « d'avoir refusé de rendre hommage à
« la raison, de m'être opposé aux apostasies et
« aux démissions ; il me rend responsable en-
« vers la nation de la prolongation de son éga-
« rement. » On sait qu'à cette époque un article
de cette nature était une espèce de proscription.

---

(1) V. *du Fanatisme des Cultes*, par Baudin, représen-
tant du peuple, in-8°, Paris, an 3 ; p. 9 et surtout p. 20.

« Je garde soigneusement un exemplaire de cette affiche. »

« Voilà l'historique exact de cette horrible scène. Plusieurs de ceux qui en furent les criminels apologistes, et qui auraient eu honte de me parler alors, ont ensuite préconisé ma résistance; elle l'a été également et invariablement par d'autres, qu'on n'accusera pas d'excès de piété. »

Une réunion assez bizarre de partisans du despotisme, de l'ultramontanisme, de l'ignorance, de planteurs des colonies, de dissidens au serment et d'incrédules, compose la phalange des ennemis de M. Grégoire, à laquelle on pourrait, comme dans l'Evangile, appliquer le nom de *légion* (1), mais en exceptant de toutes ces classes une portion d'êtres estimables et paisibles.

Un Anglais a dit : « Les prêtres sont comme « le feu et l'eau : rien de si utile, rien de si dan- « gereux...... » Dangereux, si leur conduite est désordonnée; utiles, si par leurs mœurs ils honorent leur état. M. Grégoire lui-même a imprimé quelque part, que rien n'est pire qu'une mauvaise femme et un mauvais prêtre. Il faut

---

(1) Marc. 5, 9. Luc. 8, 3o et 36.

avouer, mais non sans douleur, que le plus méchant est encore le dernier, auquel on peut associer les dévots, qui sont à la piété ce que la fièvre est à la santé.

En combinant des hostilités contre un homme dont la probité, les mœurs et la générosité d'âme défient la médisance, et à qui le public tient compte de quelques efforts pour servir la religion, la liberté et les arts, quel sera le plan d'attaque ?

La police du dernier gouvernement avait des ressources auxquelles on ne peut recourir. Voulait-on, par exemple, obtenir du sénat une levée nouvelle de conscrits, ou quelque autre mesure désastreuse, on s'efforçait d'intimider certains sénateurs peu complaisans pour la cour, en faisant débiter qu'ils étaient, ou que bientôt ils seraient à Vincennes. Le nom de M. Grégoire figurait toujours sur ces listes comme sur celles des prétendues conspirations. Cette tactique est un peu discréditée, vu surtout que la conspiration très-réelle ourdie dernièrement dans toute la France pour demander qu'il n'y ait pas de constitution, est justement appréciée.

Quoique le *Moniteur* fût le seul journal avoué comme officiel, tous l'étaien t par le fait. Toujours ouverts aux inculpations contre les individus qu'on voulait proscrire, et jamais à leur apologie, ils servaient de véhicule aux diffamations. A Londres même, dit-on, un journal, payé chèrement, s'écrivait sous la dictée de Paris, et des articles rédigés aux Tuileries s'imprimaient sur les bords de la Tamise. L'artillerie des gazettes jouait un grand rôle dans le gouvernement de Buonaparte. C'est un moyen dont se sont faits légataires certaines gens, qui, voulant être les régulateurs de l'opinion, se sont dit : » La liberté de la presse a été proclamée de « nouveau (elle l'était aussi sous Napoléon, et « comme de son temps, une censure nouvelle « en a remplacé une autre). Depuis cette pro- « clamation réitérée, on a interdit aux feuilles « publiques de rendre compte des ouvrages re- « latifs à notre situation politique; mais inci- « demment nous y glisserons l'éloge de ceux qui « prêchent notre doctrine (1). Parmi ces feuilles, « il en est qui, très - peu répandues à Paris, le « sont beaucoup dans les départemens; nous y « déposerons des diatribes virulentes contre « des hommes estimables, que nous voulons « couvrir d'opprobre. N'avons-nous pas encore

***

(1) V. dans le *Journal des Débats*, 12 mai, ce qui concerne M. Bergasse.

« la ressource inépuisable des libelles, que nous
« ferons colporter dans toute la France, avec
« recommandation expresse à nos affidés de les
« réimprimer ? Et si, dans quelque ville, par
« exemple à Cosne, à Rennes, etc. des patriotes
« s'avisent de les brûler, ailleurs peut-être les
« lecteurs seront moins revèches. »

Laubardemont assurait que, dans une ligne
la plus indifférente, il trouverait un corps de
délit suffisant pour faire périr celui qui l'aurait
écrite. A plus forte raison dans les ouvrages
assez nombreux d'un homme qu'absolument il
faut perdre, trouverons-nous des matériaux
suffisans pour le dénigrer : mutilons ses périodes,
dénaturons ses idées, empoisonnons ses intentions. Vainement on nous assure que divers
écrits publiés sous son nom lui sont faussement
attribués ; que d'autres ont été imprimés sans
son aveu ; que d'autres, enfin, ont été altérés,
parce que trop occupé pour en corriger les
épreuves, et surtout trop confiant, il char-
geait de ce travail des commis de bureau dont
la tête était effervescente à l'époque où tous les
potentats de l'Europe étaient ligués contre la
France. Ces correcteurs infidèles y ont inséré
des phrases qu'il ne sont pas de lui, que son cœur

et ses principes désavouent : mais que nous importe ?

> Calomnions, et quoiqu'il en guérisse,
> On en verra du moins la cicatrice.

S'agit-il de liberté politique ? nous en ferons un séditieux.

Parle-t-on des nègres ? nous crierons que la société des *Amis des Noirs*, et lui surtout, ont voulu brusquer l'affranchissement général, quoique ses écrits déposent du contraire.

On assure qu'il a une conscience timorée, nous le déclarerons hypocrite ou hérétique. La répétition des mensonges tiendra lieu de preuves. Les individus qui examinent, sont en si petit nombre, comparativement à ceux qui assurent ! N'a-t-on pas cru long-temps sur la foi de Voltaire, que Caveyrac avait fait l'éloge de la Saint-Barthelemi, quoique l'ouvrage de cet ecclésiastique démentît l'imputation jusqu'à l'évidence ?

Les hommes ont ordinairement plus de propension à jalouser, à haïr, qu'à aimer, puisque les succès qui élèvent un de leurs semblables, intéressent moins que les catastrophes qui le précipitent. L'amour-propre jouit, en voyant humilier ceux dont on convoite les places, ou dont on conteste le mérite.

Un général d'armée à qui on parlait avec mépris de ses espions, répondait : Trouvez-moi un honnête homme qui veuille faire ce métier! Et cependant ce métier est encore moins avilissant que celui du libelliste, qui réunit le triple caractère de la calomnie, de la lâcheté, de la cruauté. Heureusement, par cette raison même, le poison se neutralise en ses mains. Un libelliste ne peut flétrir une réputation, qu'en donnant des éloges.

Les faits récens sont, dit-on, le domaine de l'adulation ou de la satire. Ici on exalte jusqu'au ciel celui qu'ailleurs on précipite en enfer, quoiqu'il ne soit ni un saint, ni un démon. Citez-nous un homme public qui ait échappé aux poignards de la calomnie. Quand on voit Bossuet accusé par Voltaire, de s'être marié, et par Fénélon, d'avoir révélé un secret non moins sacré que la confession, l'individu placé sur une ligne très-inférieure pourrait-il se croire à l'abri des atteintes?

Cependant ce malheur n'est pas sans compensation. N'est-ce rien, que d'avoir un moyen sûr de discerner les vrais des faux amis, d'avoir un stimulant de plus pour se conduire de manière à faire rougir les imposteurs, si toutefois ils en sont capables ? Au surplus, quand, dans les événemens particuliers de la vie, comme dans les révolutions des empires, on entrevoit une main céleste qui dirige tout ; quand, par de-là les bornes de la vie, on rattache ses espérances à un ordre de choses où tout cri cessera, où toute larme sera essuyée, où la vérité triomphante resplendira de tout son lustre, les attaques des pervers n'empêchent pas d'incliner tranquillement la tête sur son lit. Une conscience droite est un si doux oreiller !

M. Grégoire, déchiré (faut-il dire avec fureur ? cette expression est assurément très-modérée), consent volontiers à ce que cette fureur redoublée épuise sur lui tous ses traits, si par-là il peut y soustraire le clergé assermenté, menacé de nouveaux tourmens par des êtres implacables qui se disent ministres d'un Dieu de paix. Après le triage fait par la persécution la plus féroce dont le dix-huitième siècle ait conservé le souvenir, il était si pur, si respectable ce clergé sans lequel peut-être le christianisme eût été exilé de la France. La politique, d'une part ; de l'autre, l'ignorance et la haine ont méconnu ou plutôt voulu méconnaître cette vérité ; mais l'histoire, dont il est l'honorable créancier , lui rendra une justice tardive , malgré les efforts de certains hommes pour transmettre à la postérité leurs préventions et leur vengeance (1). Il en sera de ce serment comme de celui d'allégeance , que Jacques I.ᵉʳ d'Angleterre exigea , en 1606 , des catholiques de ses états. Rome lança ses foudres contre l'archiprêtre Blackwel et tous les ecclésiastiques qui l'avaient prêté. Qu'est-il arrivé cependant ? C'est que Bossuet, Holden , Beraut - Bercastel, etc. les universités catholiques ont reconnu que ce serment ne blessait aucunement la foi ; et actuellement , au vu et su de Rome , les catholiques britanniques , sans scrupule , en prêtent un plus strict que celui qu'on frappait d'anathème il y a deux siècles.

M. Grégoire , persécuté sous la Convention pour ses sentimens religieux , l'a été sous Napoléon à cause de son aversion contre la tyrannie : serait-il destiné à l'être encore pour l'une

_____

(1) Voy. le mandement du chapitre de Paris , 20 mai 1814 , p. 4 , qui sonne le tocsin contre le clergé assermenté. *Viam pacis non cognoverunt ; non est timor Dei ante oculos eorum.* Psalm. 15 , v. 93. Si cet acte d'hostilité n'est pas réprimé , tenez pour certain qu'il est le signal convenu d'une persécution nouvelle.

et l'autre cause? Il aspire à mériter l'estime et
non à obtenir des faveurs. Il se croit en état de
pardonner plus d'outrages qu'on ne peut lui en
faire ; et comme l'a dit un de ses défenseurs :
au sein de la religion, des lettres et de l'amitié,
il se console des persécutions passées, présentes
et *futures*.

DE LA

CONSTITUTION FRANÇAISE

DE L'AN 1814.

L A Constitution qu'on vient d'improviser n'étant pas acceptée, ni même présentée au peuple, elle n'est pas encore l'arche sainte à laquelle il soit défendu de toucher. Il est donc permis de dire ce que l'on en pense, de le dire même au public. La dignité de sénateur n'ôte pas, à celui qui en est revêtu, le droit de publier, comme citoyen, ses observations sur ce sujet.

Quelques hommes ignorans, ou assouplis par le despotisme, décident gravement qu'une charte fondamentale est inutile ; elle est, disent-ils, dans le cœur paternel du monarque, plus que dans la forme du gouvernement ; puis ils débitent avec emphase deux vers de Pope, excellent poète, mais mauvais publiciste. Des fonctionnaires publics, anticipant sur le vœu national, avaient déjà proclamé le retour d'un *maître lé-*

gitime ; d'un *maître !* propos d'esclaves, ou d'hommes qui méritent de l'être. *Maître légitime !* comme si, en. fait de gouvernement, quelque chose pouvait être légitime, s'il n'est émané de la volonté nationale ; comme si les peuples étaient des troupeaux créés pour le bon plaisir de leurs chefs, et par là même exposés à devenir la curée du despotisme. Actuellement dans les chaires chrétiennes de nouveaux Sacheverell, outrageant la religion, prêchent l'obéissance passive. On tenait le même langage, quand, par des sénatus-consultes, on démolissait la Constitution de l'an 8.

Il est vrai que le caractère personnel du chef d'un état altère ou modifie la nature d'un gouvernement qui n'est pas fixé par une charte constitutionnelle ; il en est très-peu qui soient appuyés sur cette base : voilà pourquoi l'ineptie et le crime ont presque toujours gouverné les nations. Dire avec certaines gens que les bons princes sont comme les revenans dont tout le monde parle sans en avoir vu, serait une exagération démentie par l'histoire. Le plus grand sans doute fut cet Alfred qui institua le jury, fonda l'université d'Oxford, fut le modèle des Chrétiens par ses vertus ; des savans, par son amour pour les lettres ; des gouvernans, par sa politique

sage et son respect pour la majesté du peuple;
et qui voulait que les Anglais fussent aussi libres
que leurs pensées.

Je n'examine pas si, comme le prétendent
quelques publicistes, la démocratie est fille de la
vertu, et la monarchie fille de la corruption.
Quelle que soit la forme du gouvernement, il
importe d'assujétir le pouvoir suprême à un ou
plusieurs corps indépendans qui en surveillent
l'exercice, qui puissent interposer des barrières
entre lui et l'abus, et garantir la nation des at-
tentats du despotisme. Cette considération conduit à la séparation et à l'équilibre des pouvoirs.

La liberté civile obéit aux lois, la liberté politique contribue à les faire. Si l'on attache communément moins d'importance à celle-ci, c'est
faute de réfléchir que sans la liberté politique,
la liberté civile n'aurait aucune garantie. Quand
il s'agit d'un pacte social qui opérera le bonheur
ou le malheur des générations contemporaines
et futures; quand on a devant soi la nation et la
postérité, on doit se pénétrer de l'importance
d'une mission dont les conséquences sont si
étendues; on doit donc procéder avec la plus
grande maturité, pour créer des institutions
fortes et libérales, comme l'a dit sagement l'empereur ALEXANDRE. L'a-t-on fait?

3

| La France est sans doute le seul pays civilisé où, dans trois jours, on rédige, on discute, on adopte une charte constitutionnelle.\Les fruits mûris en serre chaude n'ont jamais la saveur exquise que leur donnerait la nature livrée à ses propres forces. Je crains que cette précipitation ne rappelle ce que disait Gacon de ses vers : *Ils ne me coûtent rien.* Vous connaissez la réponse. Nos Démosthènes criaient à l'urgence, comme si Philippe eût été à nos portes. Quelques hommes bruyans avaient formé, à Paris, une petite atmosphère d'opinion prétendue publique ;........ à Paris, où l'on a l'habitude de voir la France entière concentrée dans la capitale, et de regarder seulement comme accessoire l'opinion de cent départemens.

Il est permis à un républicain d'esprit et de cœur de croire que le système fédératif établi dans l'Helvétie et les Etats-Unis peut s'adapter à d'autres contrées, et que la monarchie n'est pas le plus parfait des gouvernemens ; mais un bon citoyen doit se rappeler que Solon donna aux Athéniens, non les meilleures lois, mais celles qui étaient les plus appropriées à leur caractère. Pour empêcher l'adoption précipitée d'une charte sociale, j'avais, dans des réunions pré minaires, proposé une mesure qui obviait

aux inconvéniens redoutés d'un ajournement :
c'était de déclarer que la France, maintenue dans
l'état monarchique, élirait dans l'ancienne dynastie un chef auquel on présenterait la constitution,
quand elle serait rédigée. Est-il surprenant qu'on
n'ait pu obtenir ce délai , quand on s'est refusé
même à ce que le Projet de Constitution fût imprimé et distribué avant la discussion , pour
laisser à chacun le temps de le méditer ? Le
moindre retard serait, disait-on, le signal de la
guerre civile..... De la guerre civile ! A ces mots,
dont frémit toute âme honnête , on se hâte de
décréter, malgré des observations de tel membre dont on ne suspecte pas la droiture , mais
qu'on croit dans l'erreur , et dont la voix se perd
au milieu des acclamations générales; quand
ensuite il est prescrit à tous de signer l'acte, il
signe, parce que, lorsqu'un corps dont on fait
partie a pris une détermination de ce genre, tous
doivent se soumettre loyalement, et par devoir
de conscience. Si j'étais à Constantinople, ou
à Tehcran, je me soumettrais de même : mais
obéir n'est pas approuver; et lorsqu'il était no-
toire à tout le Sénat qu'au moins un membre
avait voté contre divers articles, surtout contre
le sixième qui a pour objet la composition de ce
corps, fallait-il imprimer, dans le *Moniteur* du 7,

que la charte avait été adoptée à l'unanimité ?

Le mot *souverain*, mal défini dans nos dictionnaires, ne peut s'appliquer qu'à la nation : car une nation n'appartient qu'à elle-même. La souveraineté est pour elle une propriété essentielle, inaliénable, et qui ne peut jamais devenir celle d'un individu, ni d'une famille. Du même principe découle cette vérité, que toutes les fonctions publiques, depuis la dernière jusqu'à la plus éminente, étant instituées pour l'utilité commune, ne peuvent jamais être la propriété de ceux qui en sont revêtus. Ainsi, rois, princes, sénateurs, juges, etc., tous délégués du peuple, sont responsables, et en cas de besoin destituables. Si, pour le bien de l'Etat, une Constitution déclare le monarque inviolable, elle reporte le poids de la responsabilité sur ses ministres, parce que la nation, non moins inviolable, doit trouver quelque part sa garantie. Elle l'a bien senti cette Angleterre, qui, sous tant de rapports, a perfectionné l'art social, quand elle a légalisé le droit de résistance, afin d'obvier, sans commotion, aux abus du pouvoir (1). Elle l'a senti cette Espagne, qui, dé-

---

(1) Le ciel, en séparant la France et l'Angleterre,
Sauva la liberté du reste de la terre.
DELILLE.

vastée par une guerre sacrilége , a retrouvé son antique énergie : à la tête de sa charte, elle énonce le principe de la souveraineté, comme l'avaient fait nos premières Constitutions. Pourquoi donc s'obstiner à l'exclure de celle qui vient de naître ? L'on me répond que ce principe est une *abstraction* ou de la *métaphysique.* On s'exprimait de même sous le gouvernement qui vient de finir. Les amis de la liberté étaient des *idéologues.* La nation exerce , à la vérité , son droit, en appelant librement un monarque ; mais toujours est-il bon d'inculquer au peuple un principe auquel malheureusement il ne pense guère, vu surtout que certaines gens sont très-intéressés à ce qu'il n'y pense jamais.

L'établissement de la monarchie conduisait naturellement à statuer sur les régences , les minorités , l'éducation de l'héritier présomptif, etc. etc. etc. Le nouveau monarque doit prêter le serment, en acceptant la Constitution : ses successeurs y seront-ils astreints ? Mais sans doute, me répond-on, cela est *sous-entendu.* Je n'aime pas les *sous-entendus* dans un pacte social, lorsqu'il est si facile de les faire disparaître. Pourquoi ne pas tracer entièrement la limite entre ce que le roi peut et ce qu'il ne peut

pas? Pourrait-il, par exemple, aliéner une portion du territoire national, changer la division
départementale, se marier, s'absenter du royau-
me, sans l'aveu de la nation, exprimé par ses
représentans?

Il aura le droit d'ouvrir, de conduire des né-
gociations, de conclure des traités de guerre
défensive (la justice repousse l'idée de guerre
offensive), des traités de paix, de neutralité, de
commerce. Sera-ce sans la ratification du Sénat
et du Corps-Législatif, et sans être astreint,
sous peine de nullité, à n'admettre jamais dans
les traités aucun article secret qui serait contraire aux articles patens, contraire à la constitution, ou aux droits du peuple?

Le roi pourra-t-il statuer seul sur les forces
de terre et de mer, faire des levées d'hommes,
solder et appeler des troupes étrangères, commencer des hostilités, sous prétexte de les re-
pousser?

L'historien grec Agathias raconte que, chez
les Francs, nos ancêtres, quand il y avait division entre les princes, de part et d'autre on ar-
mait, on se rangeait en bataille, non pour se
battre, mais pour contraindre ces princes de
vider leurs querelles à l'amiable : sinon on les

forçait de descendre dans l'arène. (1) Ce moyen,
applicable à tous les temps, à tous les lieux, pré-
viendrait ou terminerait toutes les guerres sans
effusion de sang ; mais où trouver présentement
des peuples assez sages pour l'employer ? *quid-*
quid delirant reges plectuntur Achivi. A-t-on
oublié qu'une paire de gants tombée, une fe-
nêtre de travers, un *et cœtera* omis dans une
lettre de Jean Casimir, roi de Pologne, ont
occasionné des guerres qu'on ne manquait pas
de couvrir du voile de l'intérêt public ? Que de
fois des caprices de ministres ou de prostituées
en crédit ont ensanglanté la terre ! Depuis huit
siècles, cinq ou six guerres seulement ont été
entreprises pour l'avantage des peuples : voyez
d'après cela s'il ne convient pas de restreindre
constitutionnellement le droit de faire la guerre,
et de prévenir des abus de pouvoir d'autant plus
désastreux qu'ils sont irrémédiables ; car elle
est vraie cette réflexion de Jean-Jacques Rous-
seau : « La maxime la plus fondamentale de tout
« gouvernement est de ne jamais revenir de ses
« sottises. »

Je vous entends, nous tenons les cordons de

------

(1) Agathias, in-fol. Paris, 1670, p. 13.

la bourse ; aucun impôt n'aura lieu s'il n'est consenti par le Corps-Législatif et le Sénat. Mais en appelant l'expérience du passé au conseil du présent, elle vous dirait que, si une puissance étrangère est intéressée à vous lier les mains, elle fournira des subsides au moyen desquels on fera la guerre et l'on achètera des complices : car partout il y a des êtres disposés à se vendre et à vendre la patrie ; et, suivant l'expression d'un ministre, on aura le tarif de leurs consciences.

Quoi ! pas un mot sur la liste civile, qui devrait être fixée invariablement au commencement de chaque règne, pour prévenir les intrigues dont le but serait de la faire grossir durant la vie du monarque ! En évitant la mesquinerie, évitera-t-on l'excès opposé, qui mettrait en contraste la splendeur du trône avec la misère du peuple, lorsque nous avons tant de plaies à cicatriser et de désastres à réparer ? Notre population est d'ailleurs très-diminuée. Du fond des tombeaux douze millions d'hommes égorgés depuis quinze ans élèvent la voix pour crier qu'en Europe, en France surtout, les malheureuses mères n'enfantaient plus que pour fournir des victimes. Actuellement des femmes éplorées et des vieillards impotens remplacent les animaux pour traîner la charrue et tracer les sillons de leurs champs arrosés de larmes. La désolation couvre la France. Je doute qu'un monarque pût goûter le moindre plaisir au milieu des fêtes, s'il pensait que, pour y subvenir, l'infortuné père de famille a épuisé ses forces, que la pauvre veuve a économisé sur le vêtement et la nourriture de ses enfans, pour verser au trésor public quelques écus, que l'on prodigue si facilement. (1)

Ces omissions nombreuses qu'on remarque dans la Constitution, doivent être, dit-on, suppléées par des lois ou des sénatus-consultes organiques. Ces derniers mots effraient, quand on se rappelle que le premier acte revêtu de ce nom fut un attentat contre des hommes qui pouvaient être coupables, mais qu'il fallait ju-

---

(1) On lira avec plaisir cet extrait du discours de Platon, *métropolite* de Moscow, au couronnement d'Alexandre Ier, en septembre 1801. « Tu verras aussi l'hu-
« manité dans sa simplicité primitive, dépouillée de tous
« les ornemens de la naissance et d'une fastueuse origine.
« Elle te rappellera continuellement quels sont les droits
« de l'homme..... et qu'à tes yeux il n'est d'être vil dans
« la nature que l'oppresseur de l'humanité, ou celui qui
« ose s'élever au-dessus des bornes qu'elle preserit. »

ger légalement. Il est à parier qu'aucun des coopérateurs de ce décret n'aurait voulu être en proie à une autorité arbitraire ; et quand il fut prouvé que l'accusation dirigée contre des exagérés d'un parti, retombait sur les exagérés du parti accusateur, combien durent être poignans les regrets des sénateurs qui avaient prononcé cet ostracisme ! Les droits primitifs de la nation étaient depuis long-temps ensevelis comme ceux du Sénat, sous un fatras de *sénatus-consultes* prétendus *organiques*. Une décision récente de ce corps écarte pour l'avenir cette dénomination. Dire que les lacunes de la charte seront remplies par des lois, que déjà plusieurs le sont par les dispositions de la Constitution de l'an 8, qui alors sont maintenues seulement comme lois, c'est manquer de notions saines sur la différence essentielle entre les lois et une Constitution.

La vraie noblesse ne peut être que celle du mérite personnel : chacun, suivant l'expression d'un de nos poètes, est fils de ses œuvres. Malgré les murmures de la chatouilleuse vanité, les préjugés du patriciat seront peut-être un jour déblayés comme tant d'autres, et n'existeront plus que dans l'histoire des aberrations humaines. Le mérite des parchemins, comme celui de la couleur, est jugé depuis long-temps au tribunal de la religion et de la philosophie, qui d'avance apprécient l'établissement au dix-neuvième siècle, d'une noblesse héréditaire, d'une pairie héréditaire. Hâtons-nous d'arriver à cet article, proposé et appuyé par le Gouvernement provisoire.

L'équilibre des pouvoirs serait-il dérangé, si la nomination des sénateurs n'était pas exclusivement réservée au roi, et qu'on y fît concourir les trois autorités qui forment le pouvoir législatif? L'élu serait l'homme de la nation; désormais un sénateur ne sera plus que l'homme du monarque, et au lieu de représenter la nation, il ne représentera plus, suivant l'expression d'un savant publiciste anglais, (1) que lui-même et sa famille. L'hérédité ferme d'ailleurs une porte au mérite éminent, en l'ouvrant à un individu revêtu d'un titre qui ne donne pas et ne suppose pas même le mérite; à un adolescent qui sera un homme sensé, ou un sot, un homme probe, ou dépravé, tant qu'on n'aura pas trouvé le secret d'établir l'hérédité des talens et des vertus. Une fausse mesure en amène une autre.

----

(1) *V*. The Constitution of the United-Kingdom, etc., by Francis PLOWDEN, 8°. London, 1802, p. 85.

La sagesse avait fixé l'âge de quarante ans pour être membre du Corps-Législatif et du Sénat : désormais il suffira d'avoir atteint la majorité. Quand le Sénat procédait à l'élection de députés à la législature, et que sur la liste étaient inscrits des candidats sortant de ce corps, vingt fois j'ai ouï pérorer sur la crainte illusoire de perpétuer les hommes dans les places, et aujourd'hui on établit deux cents pairies héréditaires.

La dotation du sénat qui, dans le principe, n'était que pour quatre-vingt sénateurs, avait été successivement augmentée avec l'augmentation du nombre des membres dont ce corps est composé. Une partie de cette dotation située en pays, désormais étranger, est perdue ainsi qu'une partie des sénatoreries : j'ignore si le produit de celles qui restent étant reversé dans la masse commune, couvrira ce déficit ; mais ne convenait-il pas de répartir entre tous les membres anciens et nouveaux, le revenu commun, quoiqu'alors les portions dussent.être plus modiques, ou de statuer que la dotation restant aux membres actuels, à mesure qu'ils mourraient, la part des décédés passerait à chacun des nouveaux sénateurs par ordre d'ancienneté de nomination ? Au reste, la portion de sénateur mourant sans postérité masculine, étant reversible au trésor public, elle pourrait former la dotation de leurs successeurs , si le pouvoir législatif le croit utile.

Un axiôme ancien défend d'être juge dans sa propre cause. A Dieu ne plaise que j'inculpe l'intention des pères de famille qui ont concouru à faire décréter l'hérédité. Il est prouvé, d'ailleurs, que plus de cinquante sénateurs n'ont pas de postérité masculine. J'avouerai encore que sur cet article le désintéressement d'un évêque n'est pas un effort de générosité : mais je l'envisage indépendamment de toute considération personnelle; j'aurais même désiré pour le sénat, la législature et d'autres corps, une recomposition; car en politique, il faut, autant qu'il est possible, éviter des secousses qui pourraient faire chavirer le vaisseau de l'Etat.

Le corps législatif, dont on aurait dû changer le nom, puisqu'il est seulement une partie intégrante du pouvoir qui fera les lois, a exclusivement l'initiative de celles qui concernent les impôts. Cette mesure est extrêmement sage; mais n'aurait-on pas dû ajouter l'interdiction au pouvoir exécutif de faire des emprunts, de dévorer l'avenir par des anticipations, de créer des places à finances; en accordant au roi, comme en Angleterre, le droit de le dissoudre, tandis que le peuple n'a pas le droit de révoquer ses délégués, on laisse au pouvoir exécutif une arme puissante contre la liberté populaire. La convocation d'une nouvelle législature lui présentera des chances favorables à ses vues, quand la crainte d'être *dissous*, jointe aux caresses de la cour et à l'amorce des distinctions, n'aura pu subjuguer l'opinion des mandataires incapables de composer sur les intérêts du peuple.

Cette réflexion conduit à faire sentir l'importance d'interdire aux députés du corps législatif, pendant la durée de leurs fonctions, et aux sénateurs, dans tous les temps, de solliciter, pour qui que ce soit, aucun emploi. Quant aux sénateurs, il importe (sauf l'exception décrétée pour les ministres,) qu'ils ne puissent être autre chose que sénateurs, et qu'ils soient *absorbés*.

La Constitution garde le silence sur la manière de promulguer les lois. Après ces mots : *par la grâce de Dieu*, on doit ajouter et *par la Constitution*. L'omission de cette formule serait un outrage à la nation.

Pour le complément de la loi, la sanction du roi est nécessaire : mais s'il la refuse, son *véto* sera-t-il absolu ou suspensif? et s'il est seulement suspensif, pourra-t-il s'appliquer plusieurs fois au même objet? Pourquoi ne pas statuer que jamais il ne pourra suspendre l'exécution des lois, ni faire des proclamations qui en tiennent lieu? Plusieurs fois le parlement britannique a réprimé des entreprises de ce genre (1).

Je cherche en vain dans la Constitution ce qui établit les droits de cité; on n'y voit pas comment on acquiert la qualité de citoyen, quelles causes peuvent suspendre l'exercice de ces droits, ou les faire perdre.

En coûtait-il beaucoup de déclarer que le secret des lettres est sacré; que la maison de tout citoyen est un asile inviolable; que nul ne peut être arrêté, incarcéré, traduit en jugement qu'en vertu de la loi; que, dans les vingt-quatre heures qui suivront l'arrestation légale, le détenu doit être interrogé; et croit-on avoir pourvu suffisamment à la liberté indviduelle, en disant que nul ne peut *être distrait de ses juges naturels*, vu, surtout, que la responsabilité des ministres est énoncée d'une manière trop vague? Un agent du pouvoir qui

-----

(1) *Voyez* An historical View of the english Government, etc., by John Millard 8. London, 1803, t. III, p. 451.

aura fait des arrestations arbitraires, et gardé des citoyens sous les verroux, échappera aux poursuites, en disant qu'il ne les a pas distraits de leurs juges naturels, attendu qu'il ne les a pas traduits en jugement. Que n'adoptiez-vous tout uniment l'*habeas corpus*, vous qui nous parlez tant de la constitution anglaise, et qui en avez emprunté l'idée de constituer le Sénat en haute cour de judicature, pour juger ses membres et ceux du Corps Législatif. Quel inconvénient trouverait-on à ce que, dans les deux chambres, le prévenu accusé par son corps, fût jugé par l'autre ?

Unité monétaire, uniformité de poids et mesures, établissemens scientifiques, instruction publique, agriculture, industrie, commerce, etc., etc. : quelques dispositions sur ces objets, dont on ne fait aucune mention, méritaient de trouver place dans votre charte, à laquelle ils auraient donné, d'ailleurs, un caractère plus populaire. Espérons qu'au moins on revisera le plutôt possible les lois existantes à cet égard, et qu'en élaguant ce qu'elles ont de mauvais, en perfectionnant ce qu'elles contiennent de bon, on ouvrira toutes les sources de la prospérité publique, dont la France a dans son sein tous les élémens.

Parmi de fort bons articles, celui qui concerne la liberté de la presse, suggère quelques remarques. Quand on eut fait la Constitution de l'an 3, on se hâta de la mettre sous le scellé, sous prétexte que l'état de la France ne comportait pas encore l'application de ce régime. Quand on eut fait la Constitution de l'an 8, la liberté de la presse, qui était presque entière, fut restreinte successivement par des réglemens qui seraient ridicules, s'ils n'étaient tortionnaires. Dans ces derniers temps, des billets de visite étaient à-peu-près la seule chose qu'on pût imprimer sans passer sous le ciseau de la censure, qui, trouvant partout des allusions contre la tyrannie, aurait fini, je crois, par la proscription de l'Evangile, quoiqu'elle laissât multiplier, sans le moindre obstacle, les éditions d'un poëme connu par l'obscénité la plus révoltante. Le recueil des anecdotes relatives à la censure fournirait un tableau piquant, surtout en y joignant la liste détaillée et très-nombreuse des injonctions et des défenses faites aux journalistes, dont les feuilles étaient toujours plus remarquables par ce qu'elles taisaient que par ce qu'elles disaient. La liberté de la presse n'existait plus que pour le gouvernement qui, dans ses gazettes dégoûtantes d'adulations envers le chef de l'Etat, insultait périodiquement les puissances étrangères, et diffamait les particuliers qui lui déplaisaient. Quand des écrivains soulèvent le rideau derrière lequel s'ourdissent les trames liberticides, le despotisme troublé ne manque jamais de crier qu'on trouble l'Etat. Identifiant sa cause à l'intérêt de la cause publique, il suppose que celle-ci périclite. L'infaillible moyen pour un gouvernement de ne pas redouter la liberté de la presse, c'est d'être juste. Elle devient alors une sauve-garde de l'Etat; elle prévient ou rectifie les erreurs de ceux qui le régissent, et par-là même elle fortifie leur autorité.

Sénateurs, vous venez de proclamer la liberté de la presse, et le lendemain la censure est rétablie. Se joue-t-on des principes et du public? Je sais de quels prétextes on colore cette mesure. En ce moment où commence une réaction nouvelle, de vils et lâches pamphletaires sonnent le tocsin des calomnies, invoquent la discorde, ressuscitent les haines, et de toutes parts répandent leur venin, les outrages et les impostures. Si c'est une capitation imposée par les méchans, je pourrais, certes, me plaindre d'avoir été souvent surtaxé; mais je n'en soutiendrai pas moins que la liberté

de la presse doit être non seulement respec-
tée, mais garantie ; qu'une loi répressive des
délits résultant de cette liberté ne peut frap-
per que ceux qu'on a commis, et non ceux
que l'on commettra. Quand un homme injurie
ou calomnie, la loi vient au secours de la
morale pour venger l'honneur du citoyen qui
invoque son appui ; mais il serait absurde qu'elle
défendît de parler, de peur qu'on ne parlât mal.
Il en est de même des lois sur la presse ; elles ne
peuvent atteindre que ce qui est publié, et non
ce que l'on publiera. Vouloir établir une censure
sur des écrits qui n'ont point vu le jour, c'est
cadenasser la bouche, de peur qu'on n'abuse
de la parole.

L'article dernier de la Constitution statue
qu'elle sera *soumise* à *l'acceptation* du Peuple
français, et néanmoins le membre de l'ancienne
dynastie appelé au trône, sera proclamé roi des
Français dès qu'il aura signé et juré de l'observer et de la faire observer. N'est-ce donc
que pour la forme et seulement par courtoisie
qu'on fait intervenir le peuple ? Et s'il lui plai-
sait de rejeter votre ouvrage, comme il en a le
droit, dans quels embarras seriez-vous froissés ?
Je n'élève aucun doute sur le vœu qu'il ma-
nifestera, mais il faut se cramponner sur les

principes ; et peut-on nier que pour valider un acte de cette nature, les ratifications respectives des parties contractantes auraient dû précéder la prise de possession ?

Avant de passer à quelques observations relatives aux circonstances actuelles, je termine ces remarques sur la Constitution, en faisant observer qu'elle ne dit pas un mot de la manière de la reviser, de l'améliorer. L'autorité dont elle émane étant aujourd'hui ce qu'elle était il y a quelques jours, ne pourrait-elle pas préparer à trente millions d'hommes une charte qui ne fût point un squelette décharné ? Les lumières du siècle et l'expérience acquise pendant vingt-cinq ans de révolution et de calamités, fournissent des matériaux abondans pour faire un bon ouvrage, un ouvrage capable de fixer enfin la mobilité du caractère français (1), en l'attachant à des institutions stables et fondamentales. L'occasion est favorable : si on la laisse échapper, en retrouvera-t-on jamais une pareille ?

Si cependant on croit voir dans le parti proposé

----

(1) En lisant César, *De Bello Gallico , liv.* 4, *ch.* 4, *n°* 5, on voit que les Français d'aujourd'hui sont, à cet égard, ce qu'étaient les Gaulois il y a dix-huit siècles.

une impossibilité ou une difficulté extrême, ne
pourrait-on pas s'occuper, sans délai, d'une
charte supplémentaire qui serait le complément
de la première, qui en développerait l'esprit, en
rectifierait les dispositions, et qui, l'une et l'autre,
seraient soumises à l'acceptation du peuple, dont
chaque sénateur a juré de défendre les droits?

On ne peut se dissimuler que depuis long-
temps la défaveur populaire plane sur le premier corps de l'Etat. Est-ce un crime de répéter
ce que tout le monde sait? C'est sur quoi je vais
parler à charge et à décharge, en portant mes
regards sur tous les corps constitués ; car tous,
en France comme ailleurs, offrent à peu près le
mélange qu'on voit, en général, dans l'espèce
humaine.

Le gouvernement défunt, en perfectionnant
au plus haut point le machiavélisme, avait
réuni tous ses efforts pour réduire ces corps à
la nullité quand ils n'étaient pas les instrumens
aveugles de ses caprices. Un moyen efficace pour
atteindre ce but était d'influencer toutes les no-
minations, ou de s'en emparer, d'y placer des individus qui lui fussent dévoués, parmi lesquels
cependant il en est dont la conduite honorable
a trompé ses intentions.

Elle est très-rare, parmi nous, cette trempe

d'âmes énergiques, qu'on appelle du caractère. Les hommes, pour la plupart, sont des pièces de monnaie dont l'empreinte est effacée. Dans le nombre de ceux dont on prônait autrefois le patriotisme, combien de déserteurs qui, des tentes d'Israël, ont passé dans le camp des Philistins! Et quelles causes ont opéré cet ignoble changement? presque toujours des intérêts de famille ou d'amour-propre à ménager. Un regard affectueux et protecteur que le prince laissait tomber sur eux, a suffi quelquefois pour les enivrer de joie, les gonfler d'une vanité puérile, altérer leur doctrine politique et modifier leurs discours. Voilà ce qu'on a vu et ce qu'on verra. Voilà pourquoi le courage civil, toujours calme, est si rare chez une nation bouillante, et dans un pays où le courage militaire paraît inné. Les méticuleux et doux, plus nombreux que les méchans, ont donné lieu au proverbe : *Il y a des gens si bons, qu'ils ne valent rien.* La même raison explique pourquoi la probité politique est moins commune que la probité civile, qui, cependant ne l'est pas trop. Plusieurs fois on a entendu des hommes constitués en dignité, qui disaient : Je ne mets pas ma conscience dans les affaires politiques. Malheureux! où la placez-vous donc? La vraie politique n'est-elle pas une branche de la morale? et quand un individu, incapable de voler son voisin, est capable de donner son assentiment à des mesures qui compromettent le repos, la fortune et la vie de ses semblables, peut-il dormir tranquille?

Les détails qu'on vient de lire, vous donnent le dénouement de la conduite de plusieurs corps où une minorité étrangère aux faveurs de la tyrannie, et bravant ses fureurs, a été abandonnée ou subjuguée par une majorité dans laquelle figurent quelques pervers au milieu de beaucoup d'hommes faibles.... Faibles n'est pas le mot propre; mais peut-être me saura-t-on gré de la réticence.

Ce Sénat romain qui, du temps de la république, parut à Cynéas, envoyé de Pyrrhus, une assemblée de rois, qu'était-il sous les empereurs? demandez-le à Procope (1), et en remontant plus haut à Juvénal (2). L'anecdote du turbot de Domitien est en abrégé l'histoire de cette assemblée qui perdrait encore au parallèle avec le Sénat français. Le grand tort de celui-ci est d'avoir (non en totalité, mais en majorité),

____

(1) V. *Procopi Cæsariensis* Ἀνέκδοτα *Arcana historia*, in-4°. Lugduni, 1623, p. 64 et 68.

(2) *V.* Juvénal, *Satire* 4.

concouru à des entreprises fatales à la France et
à l'Europe, entreprises qu'un corps votant au
scrutin secret pouvait prévenir ou réprimer par
la seule force d'inertie : car La Boetie avait raison : il suffit de ne pas soutenir le despote pour
qu'il tombe (1).

En général, on aime à concentrer sur un objet unique l'affection ou la haine. L'éminence
des fonctions du premier corps de l'État lui com-
mandait de montrer l'exemple ; mais n'est-il pas
entre toutes les autorités constituées une responsabilité solidaire ? A-t-il été soutenu par elles ?
Avait-il l'initiative des décrets ? d'où lui venaient
tant de propositions désastreuses ? N'est-ce pas
du Conseil d'État, par l'organe d'orateurs presque toujours les mêmes ? Tel d'entr'eux peignait
l'*homme du siècle* par ces mots : « Ce que l'u-
« nivers a de plus grand, ce que la France a de
« plus cher. » C'est l'épilogue textuel d'une ha-
rangue adulatrice. On s'efforçait d'éblouir par
les prestiges de la gloire et des conquêtes si
opposées aux idées du bonheur : car on peut
appliquer aux nations la maxime de Thucydide,
concernant les femmes, « la plus vertueuse,
« disait-il, est celle dont on parle le moins. » La

____

(1) V. *De la Servitude*, par Etienne de La Boetie.

nation dont on parle le moins, est communément la plus heureuse.

Quand du consulat, le plus ambitieux des mortels voulut monter à la dignité impériale, d'où parvint au Sénat cette demande ? Du Tribunat, où un seul membre déployait le courage que déployaient au Sénat quelques hommes qui lui envièrent l'avantage de pouvoir faire confidence au public de ses opinions. Pour prix de sa complaisance, le Tribunat fut supprimé ; on brisa un ressort politique dont on n'avait plus besoin.

Parlerai-je de cette multitude de sermons, de mandemens épiscopaux où sont resassées jusqu'à satiété, les comparaisons avec Cyrus, pour faire croire que le *nouveau Cyrus* était le restaurateur des autels, tandis que, déjà sous le Directoire, plus de trente mille églises étaient ouvertes (1) ? Pour la première fois,

---

(1) Du clergé on avait voulu faire un instrument de la puissance arbitraire. Voilà ce qui nous a valu tant de lettres pastorales en faveur de la conscription. Par-delà les Alpes, un archevêque présentait à ses diocésains, sur ce sujet, un motif d'un genre tout nouveau et que personne assurément n'aurait imaginé : c'est que Jésus-Christ lui-même s'est soumis à la conscription. C'est ainsi qu'il appelle l'inscription prescrite sous Auguste ,

depuis l'établissement du christianisme, a paru
le scandale d'un catéchisme rédigé tout exprès
en faveur d'un individu (1).

Quand des ministres de l'autel profanaient la
louange, est-il surprenant qu'ils aient eu pour
imitateurs les préfets, les maires, les conseils
de départemens, les colléges électoraux, etc., etc.?
De là cette intarissable fécondité d'éloges, dont
le *nec plus ultrà* est ce blasphème : *Dieu créa
Bonaparte et se reposa*. Le temps des révéla-
tions est arrivé ; l'histoire, contrainte de descendre de sa dignité, attachera au poteau de
l'ignominie cette multitude d'adresses de félicitations dictées par la flatterie ; souvent men-
diées, ordonnées, rédigées dans les bureaux
ministériels d'où elles partaient, pour aller dans
tous les recoins de la France recueillir des signa-
tures ; souvent apportées à Paris par des dépu-
tations auxquelles on *prescrivait* de venir, *vo-
lontairement*, déposer leurs hommages aux

---

pour former l'état de la population de l'Empire ; et,
comme ce dénombrement atteignait les deux sexes, il
résulte de l'argument du prélat que la sainte Vierge elle-
même était conscrite. N'est-ce pas là travestir indécem-
ment l'Ecriture Sainte.

(1) V. *Catéchisme à l'usage de toutes les églises de*

pieds du trône. Il n'y a pas un an que de tous les coins de la France arrivaient ou plutôt pleuvaient à Paris des adresses de maires, d'adjoints, d'administrateurs, pour offrir à l'auteur de tous nos maux leur vie, leurs enfans, leurs biens. Est-ce le Sénat qui a créé les gardes d'honneur ? est-ce lui qui a doublé et triplé la levée des contingens pour recruter les armées ? Non c'est le gouvernement à l'aide de ses agens.

Il est un fait cité par d'autres qu'il est bon de rappeler. Lorsqu'en 1802, on proposait de décerner au Premier Consul une marque signalée de gratitude nationale, la prolongation de son autorité pour dix ans fut décrétée par le Sénat qui cédait à des vœux indiscrets. A l'ins-

---

l'Empire Français, la 7ᵉ leçon, sur le quatrième commandement, où il est dit que « nous devons à Napoléon
« l'amour, le respect, l'obéissance, la fidélité, le service
« militaire, les tributs, et que Dieu l'a établi notre sou-
« verain ; il est son image sur la terre; il est celui que
« Dieu a suscité dans les circonstances difficiles, pour ré-
« tablir le culte public de la religion sainte de nos pères,
« et pour en être le protecteur. Il a ramené et conservé
« l'ordre public par sa sagesse profonde et active. Il dé-
« fend l'État par son bras puissant; il est devenu l'oint du
« Seigneur, et lui résister, c'est se rendre digne de la
« damnation éternelle, etc , etc. »

tant l'adulation se récrie, et prétend que la ré-
compense est très-inférieure au mérite ; l'appel
au peuple est invoqué, et le peuple rejetant la
décision du Sénat, s'empresse de voter leCon-
sulat à vie. Voilà un de ces événemens qui ont
amené et versé sur la France tant de calamités.
A qui faut-il l'imputer ?

Il est des hommes que des talens distingués
ne sauveront pas des mépris de la postérité.
Le fer rouge de la vérité imprimera, en ca-
ractères ineffaçables, la honte sur le front de
ces écrivains soudoyés qui, en vers comme
en prose, n'ont cessé de prostituer leurs plumes;
qui, par la rédaction de feuilles périodiques,
pouvant exercer une sorte de magistrature sur
l'opinion publique, ont travaillé sans relâche à
la corrompre, à éteindre toutes les idées géné-
reuses. Ils voulaient que le peuple fût toujours
en extase devant la puissance, au lieu de le
guérir de l'idolâtrie politique, et de lui incul
quer qu'un peuple admirateur ne sera jamais
un peuple libre.

Daniel Heinsius, dans un ouvrage plus sé-
rieux que le titre ne l'annonce, dit que les
Romains ayant changé César en Dieu, furent
par là même changés en bêtes de somme (1).

____

(1) V. *Laus asini, in-4 .Lugdun.-Batav.,*1623,*p.* 5p.

Il semble qu'un plan ait été concerté pour opérer en France cette métamorphose. Le despotisme sait trop bien que l'ignorance des hommes facilite le moyen de les museler. Ne serait-ce pas la raison pour laquelle, en général, on a rendu l'instruction si dispendieuse, et mis le génie aux prises avec la fortune, en sorte que pour devenir savant il faut commencer par être riche?

Mais où m'entraîne l'abondance des idées et des faits qui affluent sous la plume? Dans cet avilissement général des corps constitués, y compris le premier dans l'ordre hiérarchique des pouvoirs, que pouvait faire une minorité qui depuis long-temps prévoyait, calculait, méditait les moyens de briser le joug exécrable qui pesait sur le genre humain? Que pouvait contre un million de bayonnettes cette minorité, que le désespoir national n'enveloppa jamais dans ses accusations? Plusieurs fois elle faillit céder aux instances de certaines gens qui la pressaient de donner une démission, du ton dont on commande. Jamais le courage ne l'abandonna, mais elle savait qu'il faut le dépenser à propos, et saisir le moment opportun. Ce moment est arrivé, grâce à la générosité de ceux qu'on appelait nos ennemis, et qui, jusqu'à présent, se montrent en amis. Alors on a vu ce qu'on voit toujours dans les révolutions : les braves montent à l'assaut; ils sont suivis d'hommes probes, quoique timides; puis la colonne entière s'ébranle, et sa marche devient uniforme et régulière. Dites-nous quelle autre autorité que le Sénat aurait pu servir de ralliement à la nation, et prononcer d'une manière légale la déchéance? De l'aveu de nos généraux, dès que ce décret a été connu de l'armée, le glaive s'est incliné devant la loi, et le fleuve de sang a tari. Sans le Sénat, la guerre civile, peut-être, eût mis le comble à nos malheurs, et la mère commune, la patrie (puisqu'enfin nous la retrouvons), verrait ses entrailles déchirées par ses propres enfans.

Mais touchons-nous au terme de nos angoisses? l'étendue des désirs à cet égard est-elle la mesure de nos espérances; et que peut-on augurer des symptômes que nous offrent les événemens qui se pressent, qui s'accumulent sous nos yeux? Aux inquiétudes que présente l'instabilité des choses humaines, ajoutez celles que fait naître la versatilité d'une nation la plus *complimenteuse* de l'Europe, qui pour habitudes n'a que des modes, qui parcourt tous les extrêmes, et qui passe rapidement de l'enthousiasme à l'indifférence. Cette observation et les suivantes , s'appliquent particulièrement à la population des villes, qui est à celle des campagnes comme un est à trois.

A certaine époque, on disait des Romains, qu'il leur fallait *panem* et *circenses*, du pain et des spectacles. La plupart de nos citadins ont un troisième besoin, celui de ramper. A toutes les époques de la révolution, on les vit prosternés devant quelque idole : point de dignité dans leur caractère. Et comment en auraient des hommes que vingt-cinq ans passés à l'école du malheur, n'ont pas ramenés à la vertu? des hommes qui, les uns sous des formes agrestes, les autres sous un masque agréable et même séduisant, cachent une immoralité profonde? Un peuple n'aura jamais de morale, s'il ne la reçoit des mains de la religion, qui épure tous les sentimens, qui élève l'âme à tout ce qu'il y a de grand, de sublime. Mais la religion, si nécessaire aux gouvernés, l'est plus encore aux gouvernans, et à tous les individus chargés de fonctions publiques. Cette tirade va irriter la bile de beaucoup de gens, et déjà sur leurs lèvres je vois arriver les qualifications de superstitieux, de fanatique, contre l'auteur qui n'est ni l'un ni l'autre, et qui voudrait pouvoir se venger des injures par des bienfaits.

Reportons avec intérêt nos regards sur un petit nombre d'individus, dont la conduite retrace tout ce qu'a dit et pratiqué sur la *grandeur d'âme* un illustre chancelier de France, dont le petit-fils siége au Sénat. (1) Ils justifient cette maxime que l'univers n'est pas assez riche pour acheter le suffrage d'un homme de bien, ni assez puissant pour le faire dévier de ses principes. A leur suite viennent quelques êtres d'un caractère moins robuste, et que le bon exemple entraîne : faites un effort de charité pour ne les juger que sur l'avenir. Mais l'âme est profondément contristée à l'aspect de fourbes couverts d'or et couverts de crimes, qui, par leur fortune, leur audace et leurs places, exercent sur la société un ascendant funeste. Louis XIV disait tout haut : *l'Etat, c'est moi;* eux disent tout bas : *la patrie, c'est moi.* C'est le *moi* qui est le thermomètre secret de leurs actions.

Plusieurs d'entre eux, après avoir encensé

---

(1) *V.* dans le premier tome des œuvres de d'Aguesseau, son excellent discours sur la grandeur d'âme.

Marat et Roberspierre, entassèrent toutes les malédictions sur la tombe de ceux dont ils avaient été les complices. D'autres, après avoir été les panégyristes de l'homme qui vient de tomber, gorgés par lui de biens aux dépens de la nation, déroulent actuellement le tableau des forfaits de celui qu'ils déifiaient. Ayant arboré toutes les livrées, on ne peut les comparer à Janus, car la mythologie ne lui donne que deux faces : ils en ont trente. De toutes parts, ils s'agitent, ils intriguent, et se glissent dans tous les rangs, pour reconquérir l'influence qui leur est échappée. Ils connaissent la maxime de Lysandre que partout où la *griffe du lion ne peut atteindre, il faut y coudre la peau du renard.* Tenez pour certain que les Séjans, les Séides, les sicaires d'un despotisme sont toujours prêts à s'enrôler sous de nouvelles bannières. Peut-être le sont-ils déjà, car déjà l'on se demande si l'on n'a pas tendu quelque piége; si des hommes cachés sous le rideau n'ont pas une arrière-pensée, qui bientôt, se dévoilant, serait pour eux le comble de l'opprobre, pour nous celui du malheur; si l'on n'a pas le projet de réduire le souverain, c'est-à-dire la nation, à capituler sur ses droits, parce qu'on veut recevoir un don, comme s'il était

le paiement d'une dette. Ne seraient-ce pas là
les signes précurseurs de quelque catastrophe,
à travers laquelle on voudrait nous traîner aux
funérailles de la liberté? Il est bien permis d'être
défiant à la suite d'un long cours d'expériences
sur le cœur humain.

Quand un peuple est bien gouverné, il serait
aussi difficile (dit un auteur) de le porter à la
révolte, que d'enseigner l'algèbre aux quadru-
pèdes. Combien seraient heureux et feraient
d'heureux les conducteurs des Etats, si la justice, associée à la bonté, présidant toujours à
leur conseil, appelait sur eux les bénédictions
et l'amour! Puisse un gouvernement nouveau
se pénétrer de l'idée qu'il importe à son existence de ne pas concentrer ses affections dans
un cercle tracé par l'esprit de parti qui n'est
pas l'esprit public, mais d'identifier son intérêt
avec celui de la grande famille, d'abjurer fran-
chement des prétentions qui, désavouées par
les lumières du siècle, loin d'affermir un trône,
le laisseraient ou le feraient écrouler peut-être
au milieu des déchiremens. Les notions immua-
bles du droit des peuples sont enracinées en
France, malgré les efforts multipliés par lesquels on a tenté de nous faire rétrograder. Les
progrès de l'art social ont une marche accélérée

dans plusieurs contrées des deux mondes, et l'esprit humain est émancipé.

Dans cet écrit rédigé à la hâte, et qui servira de pâture à la calomnie, l'auteur ayant consigné sur l'état actuel de la France, la vingtième partie de ce qu'il sait, et la centième de ce qu'il pense, lui pardonnera-t-on de parler un instant de lui-même? On ne manquera pas de dire qu'il a composé une diatribe, et d'avance, on connaît les épithètes dont il sera gratifié, ce qui est toujours plus commode que de réfuter. Quand on a étudié et palpé le cœur humain, on sait que l'estime est une des choses dont il faut dépenser le moins. En désignant au mépris les hommes vils, n'a-t-il pas admis, pour tous les corps, des exceptions dans lesquelles chacun peut se placer? Avec Erasme, il dira : *qui se læsum clamabit is conscientiam suam prodet.* Un homme qui a voté contre la création d'une *noblesse,* contre *l'impérialité,* l'usurpation des Etats romains, le divorce, les proscriptions sous le nom de conscriptions, etc., a-t-il excédé ses droits en présentant ses réflexions sur divers articles de la constitution nouvelle, en demandant si des décorations, des parchemins et des titres héréditaires importent au bonheur du peuple? L'auteur de cet opuscule n'a pas la

(58)

prétention de ne s'être point trompé ; il l'abandonne à la sagesse des hommes impartiaux, et
se repose avec confiance sur la droiture de ses
intentions.

Paris, 17 avril 1814.